Orientaciones sicológicas

Permíteme que te ayude vamos a conversar

Por Dr. Elelis Peña Ph.D.

Economista-Sicólogo Terapeuta Familiar

Número de Control de la Biblioteca del Congreso de EE. UU.:   2017900475
ISBN: Tapa Dura   978-1-5065-1840-4
                   Tapa Blanda   978-1-5065-1839-8
                   Libro Electrónico   978-1-5065-1844-2

Información de la imprenta disponible en la última página.

Fecha de revisión: 14/03/2017

Para realizar pedidos de este libro, contacte con:
Palibrio
1663 Liberty Drive
Suite 200
Bloomington, IN 47403
Gratis desde EE. UU. al 877.407.5847
Gratis desde México al 01.800.288.2243
Gratis desde España al 900.866.949
Desde otro país al +1.812.671.9757
Fax: 01.812.355.1576
ventas@palibrio.com
749604

Índice

Dedicatoria

Dedico esta pequeña obra, enriquecida de palabras orientadoras en el campo psicológico, a la prestigiosa Atlantic International University y al elenco de grandes maestros en la rama de la educación, donde se destacan excelentes catedráticos, como el Dr. Franklin Valcin, el Dr. Ricardo González, Dr. José Mercado y las dinámicas secretarías ejecutivas Verónica Amuz y Yolanda Llorente, quienes me permitieron la oportunidad de recibir mi sexto título universitario en playas extranjeras, Mención "Licenciatura en Psicología".

También a las siguientes personalidades: Dr. Rafael Subervi Bonilla, Don Miguel Montero, José N. Luna, Lic. Aída Recio, Dr. Jesús Moreta, Lic. Delsy Mata, Lic. Liliana Saneaux, mi entrañable amiga Fiordaliza Abreu, Lic. Héctor Cruz, Quilvio Fernández, Julio Núñez, empresario Oscar E. Montaño, empresario Juan Romero, del Café Rubio, Lcda. Maria de los Ángeles Almonte Mata, y mi amigo de infancia Pedro Reilly Wance ¨Chichí¨.

De igual manera, hago extensivo mi dedicatoria a los catedráticos Gustavo Ortiz, Julio Py, Blanca S. Py, Lic. Pedro Corporán, Lic. César Bayona, el Ing. Andrés Santana (catedrático), a mis sobrinas Marlene Rodríguez, Angely Marte Peña de Tapia, y la Lcda. Laura Victoria Villegas de la Rosa por su ardua colaboración en las computadoras y en el mismo orden al Lic. Guillermo Román Pérez, la escritora Rosa Rodríguez, mi prima Altagracia Peña, Catalina Suárez, Milagros Tapia, Fiordaliza Peña, y con mucha

Elelis Peña Ph.D.

especialidad a mi asistente Juana Rosario (Yenny) por estar siempre pendiente de mis investigaciones.

Es un gran honor para mí mencionar a mi amiga de infancia, la Lcda. Máxima Pastora González. Asimismo el Lic. Juan Cadena, también Lcda. Leonor Nova, el Ing. Cecilio Silverio, Pastor Antonio Bandera, Julia Reynoso, Enesy Jansen, Alejandrina García, Gladys Ramírez, Indiana Núñez, Dra. Polina Araújo, Ramón González Núñez, Lic. Manuel Ramírez, María Domínguez, Benjamín Castillo, Elvin Acosta, Gladys Jaquez, Dra. Ana Aquino, Ing. Teddy Bernal, Soraya Monsión, Lic. Mabel García, Dr. Félix B. Tavarez, Ana Altagracia Cabrera, Pastor Rolando Yapor, Agueda Montes D'Oca, Milagro Sánchez, Tito Roque Gómez, Ingrid Espinal, Lic. Bélgica F. Martínez, Divina Alvarado, e Icaury Rosado

Agradecimiento

Elevo mi vista al cielo con firmeza, apoderado de una inmensa fe, para darle las gracias al Rey de Israel, "Jehová de los Ejércitos", porque me ha permitido en el carrusel de mi vida tener la oportunidad de conocer personas de tan alta estima y merecedoras de mi efusivo afecto y respeto.

Vaya mi gratitud a los señores Lic. Juan Ramón Quiñones (escritor), Embajador Alberto F. Despradel (escritor), Catedrático Nolberto Soto, Lcda. Doris de Despradel, Cristhian Martes Martínez, Lic. Abdón Báez Almonte, Lic. José María Báez Almonte, Ing. Víctor Villega, Rufino Ciriaco, el pastor Junior Sánchez (teólogo), Marcelino Diloné, Dominga Ceverino, Celeste Cornielle, Aracelis Estevez, Marilyn Rodríguez, Cirilo Bonilla Polanco, Liliana Vicioso Moreta, Digna Rivera, Diego de León, Senona de Jesús Nery, Maricela de la Rosa, Roberto Pérez Caminero, Ruth Betania Peña, Yanira M. Brito Rosario, Juanita Mervi, Alexandra Silven Díaz, Eufemia Florentino, Elsa Milagros López, Mildred Reyes, Yarina Brito Rosario, Víctor García, Lic. Enrique Castillo, pastora Enetina Reyes.

Es un privilegio de mi parte mencionar los Catedráticos Dr. Carlos de los Angeles, Dr. César Mella, Dr. Vicente Vargas Lemonier. Asimismo, las honorables familias Pineda y Pascual Arias, con mención especial a la Lcda.Ybelice Pineda y Margarita Pascual, asimismo, de manera muy cariñosa a mi maestro, Dr. Arturo Alvarez, Lcda. Ana Alvarez, Frances Listers. De igual manera con afecto incondicional para César R. Tapia, y Aura Contreras.

Asimismo distinguimos a los que también forman parte de la Fundación ´´FIDECORP´´, a Cathy Peña, Franklin Peña, Julio Peña, Ezequiel Peña, Sandra Suriel, Elizabeth Rosario, Milagros Peña, Brito Rosario, Clara Mejía, Aracelis Durán, Luz María Matías, Joaquín Brea Mejía, Orlando Rodríguez, Marilanda Amador, Marlenny Rosario, Henry Federico Sánchez, Dulce María Rosario, Lic. Marisol A. de la Cruz, Carmen Padilla, Pedro Rodríguez, Jorge Abreu, Lic. María Lucía Ramírez, Neyda Tejeda, Kenverly Frías, Mildred Reyes, Mirito Polanco, Williams Zallas, José R. de los Santos García, Teólogo Wander Moreta Rocío, Ing. Luis Domínguez. Con especial mención a mi amada familia Georgina, Kelvia, Jenefa, Billy y mi querido nieto Jacob.

He sido muy amplio en la mención de tantas personalidades y amigos, dando mis agradecimientos y dedicatoria. Eso es debido porque a través del tiempo he aprendido de una forma muy elegante algo de cada uno de ellos, como el respaldo, el amor, el calor humano, la solidaridad, el apoyo político, literario y comunitario.
Todo ello me ha llenado de una inmensa satisfacción y por ello les daré mi atencion a través de este importante libro orientador que con tanto amor he escrito para mi gente.

Nuevamente contigo

Gracias mil, querido lector, por la espera. Te prometí que volvería y ya estoy aquí para darte mis expresiones orientadoras.

Tu ansia de leerme y seguramente poniendo fe en él, verás buenos resultados. Esto me imparte un cálido sentimiento de estímulo y apoyo, ambos tan necesarios cuando uno presenta a vuestra consideración un libro sobre este tema tan cardinal e importante en la vida de todo ser humano: Orientaciones sicológicas.

Si crees que este libro te liberará de traumas, ya eres un ganador antes de empezar a leerlo.

En verdad, te prometo que lo vas a lograr, pues he escrito en él grandes ejemplos positivos que seguro van a aliviar lo que hoy está atormentando tu cabeza.

Sé que todos ustedes, amigos lectores, al igual que yo, buscan y se afanan en lograr una felicidad que muchas veces resulta esquiva y difícil de lograr. Es como decir que muchas personas buscan llenas de esperanzas el camino de los sueños.

En ese empeño, muchas veces entendemos que el bien de los otros, del prójimo, es tan importante y a veces aún más que el nuestro propio.

Alguien dijo: "El uno aprende del otro y los dos de la vida"

Elelis Peña Ph.D.

Comenzamos a tropezones a través de ella y en su transcurso manos amigas nos ayudan a levantarnos, palabras de aliento nos impulsan a no cejar en nuestro intento.

Ustedes, mis queridos lectores, cuánto les aprecio. Gracias por enriquecer de una manera u otra mi comprensión de la vida; gracias por vuestra incansable ayuda, pues me ha fortalecido; ustedes, a su vez, participarán de mis conocimientos. Perdonad mi insolente vanidad, pero algo he cosechado en mis andares por el mundo y simplemente quiero compartirlo con ustedes.

Si con ellos, en algún punto pudiera contribuir a la reflexión, a provocar una sonrisa, aún cuando estéis tristes, a mostrar –si a tanto llego– un nuevo matiz enriquecedor en vuestras almas, entonces habré logrado el propósito que siempre animó mis empeños: devolver algo de lo que tan generosamente Dios me ha regalado.

Me lleno de una gran satisfacción al saber que mi sacrificio les es de buena orientación, pues me permite seguir escudriñando más en el amplio campo de la sicología.

Para que de esa forma, mis amigos, puedan ampliar su entendimiento en el bello campo de la salud, mental y física.

Gracias, gracias nuevamente, vuestro amigo de siempre:

Elelis.

Prólogo

Mis queridos amigos: que Dios Todopoderoso, el Señor de Cielos y Tierra, Nuestro Redentor y Guía sea con nosotros. A Él le pido que me guíe y me ilumine en mi camino, en mí querer ayudar, en el tratar de llegar a ustedes, mis amigos, mis hermanos, mis dominicanos queridos.

Soy aquel niño nacido en Villa Juana que miraba el mundo con ojos sorprendidos, maravillados... han pasado los años, vueltas y revueltas de la vida, pero siempre mis amores, mi profunda raigambre afectiva estuvo y está aquí, en estos barrios nuestros empapados de sol y con el embriagador perfume de flores, sus playas: paraísos de mar, arena y sol; las bachatas, merengues, nuestra música popular que pone magia en las caderas; sus mujeres, sus niños, sus hombres; puse mi alma y mi corazón en el quehacer diario de mi querida comunidad dominicana; siempre estuve y estoy al lado tuyo conversando, compartiendo, mi hermano querido. Tantas veces la presencia del Dulce Nazareno y la tuya, mi querido pueblo, se entre lazaron y me acompañaron en mi camino impulsándome hacia adelante, a un paso más, a no cejar en mi contienda.

Nuestra querida patria, la de Juan Pablo Duarte, Francisco del Rosario Sánchez, Ramón Matías Mella y todas aquellas preclaras figuras que cincelaron la grandeza de nuestro querido Santo Domingo, te necesita; sus pensadores, escritores, artistas, científicos, todo ese polifacético universo intelectual sobre el cual se construye el bienestar social y la grandeza de nuestro pueblo te llaman a que te unas a esa lucha por mejorar y avanzar en la realización de estas nobles metas.

Nuestra querida poetisa Salomé Ureña de Henríquez decía en una inolvidable estrofa:

A esas esferas del pensamiento
quiero llevarte, Patria gentil;
si oyes mi acento,
si verte quieres en alto asiento,
dominadora del porvenir;

Es por eso, y con ese fin, que aquí llego, con mis manos llenas, con los regalos que he cosechado en mis andares por la vida, de mis aprendizajes por otros países, por escuelas, facultades, universidades, foros, conferencias, todas mis experiencias vitales. Tuve la oportunidad y la suerte de poder trabajar; el Amoroso Pastor fue dadivoso conmigo, siempre lo ha sido, y, a la vez, su Infinita Misericordia me consoló en los momentos difíciles y me impulsó a estudiar.

Estudiar a veces fue difícil, es una larga historia del aprender a vivir y mejorar, nuestro Señor Jesucristo me guió siempre en ese cosechar, hice y trato de hacer lo más que puedo, no será mucho quizás, pero recogí ansioso todo lo que pude del maravilloso e inmenso cúmulo del saber humano, trato de seguirlo haciendo, pero, como siempre, compartiendo, compartiendo con ustedes, mis hermanos y hermanas dominicanos.

Siempre traté de devolver lo más que pude de ese caudal de enseñanza a mi querida comunidad, por eso mis libros, mis charlas, mi actuación en el quehacer político y comunitario mis desvelos de antes y de ahora. Quizás sea en este campo de la política donde más posibilidades tiene el hombre de devolver realmente parte del tesoro inmenso que la patria invirtió generosa y magnánima en él. Yo sólo puedo decir de mí, que me honro y me enorgullezco de militar en ese difícil campo, pues, en él, sé que puedo mejor servirte y darte acceso a lo que tú mereces.

Este libro que hoy tienes en tu mano, es parte de eso, el querer conversar contigo, cuando tú lo desees, cuando tú abras sus páginas, para que charles conmigo en el tren, en el ómnibus, en tu casa, mientras te tomas un descanso, a la hora de dormir. Para que discutas contigo mismo, con tu esposa, tus hijos, o con tus amigos el mérito y virtud que puedan tener las enseñanzas, los preceptos que intento compartir, y, en verdad te digo, que con la ayuda del Señor podrás, basado en ellos, dar un paso adelante en tu realización como hombre, esposo, padre, amigo, trabajador, ciudadano.

Es un libro lleno de consejos prácticos, sencillos, que he destilado, por así decir, de aquello todo que aprendí, especialmente en el campo de la sicología, en el cual hice doctorado. Está escrito pensando en ti y en tus problemas, y en las soluciones a éstos que están al alcance de tu mano.

Para ser más claro aún, todo el libro es tratar de que te prepares, te superes, ayudarte en avanzar en la realización de tus anhelos, para ello debes desechar y corregir las rémoras que te impiden el ser aún más auténtico y preparado, tú podrás hacer fructificar tus potencialidades, crecer como hombre, para tu bien y el de tu familia, pudiendo aspirar a un mejor nivel económico, y, a la vez, en tu diario vivir ya podrás compartir con todos aquellos que te rodean las riquezas que irás cosechando, y nos uniremos todos para que de esa manera podamos llevar a nuestro querido Santo Domingo a un nivel más renovador, avanzado y progresista.

Invocando al Altísimo para que con Su Infinita Sabiduría nos guíe e ilumine en esta empresa, te pido mi querido lector que me acompañes en todos los niveles en los que participo activamente desde hace años: en el incansable trabajo comunitario en todas sus esferas; en el puro y sobrio quehacer político, donde, desgraciadamente, tanto hay para hacer y corregir; en el avance social, económico y cultural de nuestro pueblo, de nuestro querido Santo Domingo.

Orientaciones sicológicas

Basado en todo esto es que te invito: léeme, participa, acompáñame, para que así, todos juntos, hagamos la diferencia. Embanderados en estos principios, todos nosotros, nos realizaremos y mejoraremos tanto a nivel personal y familiar como en el comunitario y nacional. Ven, pues, mi hermano, lo podemos hacer. ¡Lo haremos! ¡Hagamos la diferencia!

Elelis Peña

"Paz en la tierra a los hombres de buena voluntad"

Cómo usar este libro

La verdad te hará libre (Juan 8:32)

Recuerda aquellas palabras: "Será como árbol plantado junto a corrientes de aguas, que da su fruto en su tiempo, y su hoja no cae; y todo lo que hace, prosperará." Salmo 1:1-3.

En este libro hay muchos consejos, todos buenos, que tratan de ayudar en diversos campos del cotidiano hacer y vivir, en el trato diario con los seres que nos rodean, nuestra familia, compañeros de trabajo, jefes, nuestro mejoramiento propio, en nuestro trato con nosotros mismos y cómo debemos vernos y actuar con nuestras vocaciones, instintos, amores, íntimas urgencias, carencias, miedos, rencores etc., en fin, nuestro carácter entero.

Antes de entrar a conversar con usted, quiero que lea estas palabras: "Haz de mí, Señor, un instrumento de tu paz. Que donde haya odio, ponga yo amor; donde haya ofensa, perdón; donde haya discordia, ponga unión; donde haya error, ponga verdad; donde haya duda, ponga confianza; donde haya desesperación, ponga esperanza; donde haya tinieblas, ponga luz; y donde haya tristeza, ponga yo alegría. Haz, en fin, Señor, que no me empeñe tanto en ser consolado, como en consolar; en ser comprendido, como en comprender; en ser amado, como en amar. Porque dando es como se recibe, olvidando es como se encuentra, perdonando se es perdonado y muriendo se resucita a la vida que no conoce fin". San Francisco de Asís.

Elelis Peña Ph.D.

Ahora, sí, ya reconfortados con esas piadosísimas palabras, y bajo su tutela y ejemplo, empecemos y preste atención y, si me permito alguna libertad conversando con usted, quiero que me la disculpe pues será nacida del deseo de llegar a usted, de serle útil, claro, fraterno; y sí . . . , por qué no, puede seguir tomando esa tacita de café, pero sin distraerse, ¿Estamos? (ojo, mire que mientras le digo esto, estoy sonriendo, pero aun así le hablo en serio, no se me distraiga.)

Hay un punto básico: ¿se quiere sacar partido a este libro, que sea útil? Si la respuesta es sí, para eso lo primero realmente sabio es leer este libro con atención e ir comparando lo que él recomienda con nuestra habitual respuesta frente al problema que trata.

Tomar un papel e ir escribiendo, a medida que nos encontramos con algo que vemos es realmente importante y que realmente no funciona como se debe en nosotros; poner número uno y apuntar el problema y la solución.

Por ejemplo:

1) Suelo dejar para luego las cosas. Hacer ya las cosas.
2) Soy demasiado serio y adusto. Sonreír, sonreír, aunque uno a veces le pueda parecer tonto.
3) No suelo mirar a los ojos cuando hablo o me hablan. Mirar a los ojos de nuestro interlocutor.
4) Tengo varios libros que debería leer. Empezar a leer donde quiera y cuando quiera se tenga tiempo libre.

No se debe tomar demasiadas metas a la vez, una, quizás dos, todo lo más tres, si no, nos diluiremos en nuestro intento por mejorarnos.

Pero eso sí, tomar al menos una, por ejemplo el "Hacer las cosas" y realmente hacerlas, siempre, todos los días, sin falta; no postergar nada, si no se puede hoy por falta de tiempo, pues mañana en el primer momento libre, llega un momento que se transforma de esfuerzo en habitual, y de habitual en necesario, aunque, por favor, no deje que se transforme en manía. Pero recuerde, a partir de ahora hasta el lejano fin de sus días nunca postergará nada, y cuando le digan "pero qué escrupuloso eres", usted responderá, "pues soy así, es mi personalidad", y la verdad que no mentirá pues se habrá hecho parte de su estilo de vida.

O tome "el sonreír", y donde quiera que vaya, quienquiera que sea el interlocutor sonría, sonría al empleado que lo atiende, a sus hijos, a su mujer, a su patrón, a usted mismo cuando se ve en el espejo.

O sea tome algo para corregir, escriba en un papel la solución a ese problema, péguelo donde no tenga más remedio que verlo todos los días, y hágalo, hágalo, hágalo, quite el papel tan solo cuando lo escrito ya se haya transformado en hábito.

Es más, tómelo como una competencia con usted mismo, obsérvese a sí mismo a ver realmente si lo hace, rétese a usted mismo por olvidarlo, conmínese a hacerlo. Verá que se transformará en una saludable costumbre.

Y, además, verá que le redituará en menos problemas, menos estrés, más descendimiento y hasta tendrá buen humor para soportar aquellas realidades de la vida tan inevitables como amargas que muchas veces parecen asediarnos.

Orientaciones sicológicas

Por Dios, mi amigo, hablemos en serio, míreme a la cara, a los ojos, que le hablo en serio, caramba, elija un defecto y corríjalo diariamente sino este libro será simplemente un granillo de cultura de comportamiento, pero nada más. Sabrá en qué falla y por qué, pero no lo corregirá, seguirá cojeando del mismo pie, y ahora, a ver, sonría.

Piense que cuando lleva el coche al mecánico, no alcanza con que éste le diga qué tiene mal; si hay que cambiar las bujías, pues hay que cambiarlas. Ir al mecánico, enterarse de lo que pasa será muy instructivo, pero si no hace nada, corre el riesgo de quedarse en la carretera.

Observe, mi querido amigo, que esa carretera es su vida y usted quiere avanzar, disfrutar de ella sin estar pensando en bujías destartaladas o lo que es peor terminar pidiendo ayuda con el dedo a aquellos que pasan veloces y felices porque ellos sí, han tomado las precauciones.

O sea que ésta es la madre de todas las reglas de este manual, pues es la que hará fructificar todas las otras, las hará realidad: defina un defecto, vea cómo se corrige y hágalo.

Repito no sea goloso ni desesperado, tome uno, dos, a lo sumo tres defectos, pero, los que tome, decida erradicarlos definitivamente, de una vez por todas. Eso hará la diferencia con otros cientos de consejos que usted haya podido recibir, pero que al fin de cuentas son sólo memorias.

Ahora sí, puede terminar ese bizcocho que estaba comiendo con el café. . . pero alto, ¡¿qué hace?¡, antes de irse por favor sonríase como lo hago yo.

Y ahora, al terminar, permítame una Oración de Acción de Gracias, el Sanctus:
Santo, santo, santo es el Señor, Dios del universo.
Llenos están el cielo y la tierra de tu gloria.
Hosanna en el cielo.
Bendito el que viene en el nombre del Señor.
Hosanna en el cielo. Amen.

Gracias mis amigos lectores, que Nuestro Señor Jesucristo esté siempre con vosotros y conmigo, y nos permita elegir con sabiduría a los hombres más capaces y honestos para que guíen los destinos de nuestra querida República Dominicana. Una vez más, gracias.

Amigos...

Cuán grande es mi deseo de invitarles a dialogar en el fascinante mundo de la sicología.

Siempre es preciso saber cuándo se acaba una etapa de la vida.

Si insistes en permanecer en ella más del tiempo necesario, pierdes la alegría y el sentido del resto.

Cerrando círculos, cerrando puertas, cerrando capítulos, como quieras llamarlo; lo importante es poder cerrarlos, dejar ir momentos de la vida que van clausurándose.

¿Terminó con su trabajo?

¿La relación se terminó?

¿Ya no vives más en esa casa? ¿Debes irte de viaje?

¿La amistad se acabó?

Puede pasarse mucho tiempo de su presente "revolcándose" en los porqués, en regresar el casete y tratar de entender ¿por qué sucedió tal o cual hecho?

El desgaste sería infinito porque en la vida, usted, yo, su amigo, sus hijos, sus hermanas, todos y todas, estamos orientados a ir cerrando capítulos, a pasar las hojas, a terminar con etapas, o con momentos de la vida, y seguir adelante.

No podemos estar en el presente añorando el pasado, ni siquiera preguntándonos ¿por qué?

Lo que sucedió… sucedió, y hay que soltar, hay que desprenderse.

No podemos ser niños eternos, ni adolescentes tardíos, ni empleados de empresas inexistentes, ni tener vínculos con quien no quiere estar vinculado a Nosotros.

¡No! ¡Los hechos pasan y hay que dejarlos ir! Por eso es tan importante destruir recuerdos, regalar presentes, cambiar de casa, botar documentos, vender o regalar libros.

Los cambios externos pueden simbolizar procesos interiores de superación: dejar ir, soltar, desprenderse.

En la vida nadie juega con las cartas marcadas, hay que aprender a perder y a ganar.

Hay que dejar ir, hay que pasar la hoja, hay que vivir sólo con lo que tenemos en el presente.

La importancia de la superación personal

"No basta con alcanzar la sabiduría, es necesario saber utilizarla" y también recordemos aquel viejo dicho: "Aprovechar realmente de un consejo requiere más sabiduría que el darlo".

Todos los capítulos de este libro están íntimamente relacionados con la importancia de nuestra superación personal y el bienestar de tu salud.

Nuestra vida va cambiando inexorablemente, en su transcurso nos vamos modificando y enriqueciendo; aparte de nuestra evolución intelectual durante la etapa escolar, liceal y a la universitaria a la que se pueda llegar, cambiamos con la mutua relación con el mundo que nos rodea, con el convivir con nuestra familia, al frecuentar amigos, en nuestras realizaciones amorosas, en nuestro trabajo, en el ejercicio cívico y en la convivencia social en nuestra comunidad, en el ejercicio y práctica de nuestras creencias religiosas.

Cambiamos siempre, lo quiéramos o no, lo importante es entender que hay un sinnúmero de factores que inciden en nuestra vida que están de nuestra mano el modificarlos y el dirigirlos a nuestro modo: están bajo nuestro control y podemos desarrollarlos conforme a nuestros fines y a las metas que tengamos trazadas en nuestra vida.

La que sigue es una lista "aparentemente" larga de hacia dónde podemos orientar nuestros esfuerzos de superación, pero es importante entender que una vez que avanzamos en algunas de estas metas, se avanza automáticamente en muchas de ellas en forma simultánea, en una palabra hay un desarrollo paralelo que se realiza en forma inconsciente que hace fructificar áreas aparentemente dispares, diferentes.

Se han hecho incontables listas sobre qué áreas del conocimiento y de nuestra vida personal debemos desarrollar. Los especialistas en general están de acuerdo que los siguientes objetivos, que exponemos a continuación, son los más importantes a tener en cuenta. Debemos pues:

- Mejorar nuestros conocimientos.
- Desarrollar nuestros talentos, nuestro potencial profesional.
- Mejorar nuestra calidad de vida, salud e ingreso.
- Mejorar nuestras relaciones de familia, con amigos, en el trato con nuestros jefes y compañeros de trabajo.
- Desarrollar nuestras relaciones comunitarias y sociales.
- Realizar nuestras aspiraciones
- Lograr un flexible, pero cómodo nivel de autonomía e independencia
- Establecer una identidad auténticamente nuestra.
- Tomar plena conciencia de la necesidad de desarrollo ético, político y de la importancia de la integridad en el quehacer social.
- Ayudar a los demás en estas mismas metas.

Esta búsqueda de la superación personal es y debe ser continua, nunca darnos por satisfechos, debe ser una vocación de por vida.

Aunque pueda parecer superfluo el yo recalcarlo, deberíamos siempre tener muy clara la Declaración Universal de Derechos Humanos y releer sus treinta artículos meditando sobre su contenido; en última instancia, la búsqueda incansable de nuestra superación personal está íntimamente ligada con esos derechos inalienables, son nuestros, no debemos permitirnos pasarlos por alto estafándonos a nosotros mismos, en ellos se fundamenta una vida de oportunidades y disfrutes a las cuales de otra manera no tendríamos la oportunidad de acceder.

Seamos exigentes en la valoración de nuestros avances, no caigamos en la complacencia de creer que ya hemos llegado. La verdadera inteligencia es emplear ésta para mejorarnos y tener la astucia de emplear lo aprendido en nuestro beneficio y en el de quienes nos rodean.

Resumiendo, poner en práctica inmediata los nuevos conocimientos adquiridos para realizarnos en todos los niveles, ya sea laboral, social o familiar, poniendo especial énfasis en ser felices y competentes en todos los campos en que actuemos, y en todos ellos procurar, "casi siempre", ser más gentil que tener razón.

Debemos tener muy claro todo lo anterior, pero nunca olvidemos que nuestra meta final de superación, nuestro último fin al hacer todo esto, es realizar nuestro camino bajo la inefable tutela y dirección del Sublime Guía y llegar al fin de nuestros días dentro de la Gracia y Bendición de Dios.

Entonemos:

"Gloria in excelsis Deo"

No, no estamos solos, ¡¡Aleluya!!, ya que Dios Todopoderoso, Señor de Cielo y Tierra está con nosotros, nos conduce con Su Mano de Bondad en este difícil camino de la vida. Nos acompaña en cada paso para que con Su Ejemplo y Divina Enseñanza podamos finalmente acceder a la Vida Eterna donde disfrutaremos de Su Excelsa Presencia Soberana.

AMEN

¡El pasado ya pasó!

No esperes que te devuelvan algo, no esperes que te reconozcan tus méritos, no esperes que alguna vez se den cuenta de quién eres.

Suelta el resentimiento, con encender "tu televisor personal" para darle y darle al asunto, lo único que consigues es dañarlo mentalmente, envenenarlo, amargarlo.

La vida es para vivirse hacia adelante, nunca para atrás.

Porque si tú vas por la vida dejando puertas abiertas, "por si acaso", nunca podrás desprenderte de eso, ni vivir lo de hoy con satisfacción.

Noviazgos o amistades que nunca clausuran, posibilidades de "regresar" ¿para qué?

Necesidad de aclaraciones, palabras que no se dijeron, silencios que lo invadieron... ¡si puedes enfrentarlos ya y ahora, hazlo! si no, déjalos ir, cierra capítulos.

Di para ti que no, que no vuelves.

Cierra la puerta, pasa la hoja, cierra el círculo. No serás el mismo, ni el entorno al que regreses será igual, porque en la vida nada se queda quieto, nada es estático.

Elelis Peña Ph.D.

Es un proceso, esto de aprender a desprenderse, y humanamente eso puede lograrse porque, te repito, ¡nada ni nadie nos es indispensable!

Sólo es costumbre, apego, necesidad.

"No te conformes a este siglo, sino transfórmate por medio de la renovación de tu entendimiento, para que compruebes cuál sea la buena voluntad de Dios, agradable y perfecta".

"Todo tiene su tiempo, y todo lo que se quiere debajo el cielo tiene su hora"...

¡Los hechos pasan y hay que dejarlos ir! Por eso es tan importante destruir recuerdos, regalar presentes, cambiar de casa, botar documentos, vender o regalar libros.

Los cambios externos pueden simbolizar procesos interiores de superación: dejar ir, soltar, desprenderse.

Es salud mental, amor por ti mismo, desprender lo que ya no está en tu vida. Recuerda que nada ni nadie es indispensable. Ni una persona, ni un lugar, ni un trabajo, nada es vital para vivir porque: cuando usted vino a este mundo llegó sin ese "adhesivo", por tanto es "costumbre" vivir pegado a él, y es trabajo suyo aprender a vivir sin él, sin el adhesivo humano o físico que hoy le duele dejar ir.

¿Cuál es la mejor religión?

"La mejor religión es la que te aproxima más a Dios, al Infinito. Es aquella que te hace mejor."

"¿Qué es lo que me hace mejor?"

"Aquello que te hace más compasivo, más sensible, más desapegado, más amoroso, más humanitario, más responsable, más ético… La religión que consiga hacer eso de ti es la mejor religión."

No me interesa amigo tu religión o si tienes o no tienes religión. Lo que realmente me importa es tu conducta delante de tus semejantes, de tu familia, de tu trabajo, de tu comunidad, delante del mundo.

Recordemos: "El Universo es el eco de nuestras acciones y nuestros pensamientos". La Ley de Acción y Reacción no es exclusiva de la Física. Es también de las relaciones humanas. Si se actúa con el bien, recibirás el bien. Si actúas con el mal, recibirás el mal. Aquello que nuestros abuelos nos dijeron es la más pura verdad: "Tendrás siempre el doble de aquello que desees a los otros". Ser feliz no es cuestión de destino. Es cuestión de elección. Cuida tus Pensamientos porque se volverán Palabras. Cuida tus Palabras porque se volverán Actos. Cuida tus Actos porque se harán Costumbres. Cuida tus Costumbres porque forjarán tu Carácter. Cuida tu Carácter porque formará tu Destino. Y tu Destino será tu vida.

Consuelo para los deprimidos

En la actualidad, la congoja del ser humano es aún más intensa y hay más deprimidos que nunca.

¿Es para uno extrañarse?, no, pero es una realidad, pues estos son tiempos críticos y difíciles de manejar.

En este preciso momento, tan delicado, estoy llegando a ti para que sepas que sí, te amo, mi querido lector.

Lee mi medicina orientadora y sigue mis sugerencias que, de seguro, te vas a mejorar mentalmente.

Las causas por las cuales la gente se deprime son la depresión, tristeza extrema, el miedo, la ansiedad, la muerte de un ser amado, el divorcio, la pérdida de empleo o la ansiedad crónica.

La gente también se deprime por un sentimiento de inutilidad, cuando se cree un fracasado o piensa que le ha fallado a todo el mundo.

Muchos se deprimen en la actualidad porque son demasiado exigentes consigo mismos y tratan de llevar una actividad diaria que excede su capacidad física, mental y emocional.

Según investigaciones que he hecho en mi labor profesional, el estrés, acompañado de ideas y emociones perjudiciales puede afectar al cuerpo y contribuir a un desequilibrio químico en el cerebro, lo que a su vez produce la depresión.

La mejor ayuda para el deprimido es sentirse apreciado, brindarle cariño, que se sienta importante, buscar la forma de sonreír y, sin duda, el consejo bíblico de "hablar confortablemente de Dios". ¡Cuán importante es que el deprimido tenga un confidente que le comprenda! Esta persona debe saber escuchar y tener paciencia.

Verdaderamente, Jehová es "el Dios de todo consuelo que más consuela en toda nuestra tribulación".

En lo físico es recomendable hacer ejercicio, dar una caminata, comer alimentos sanos, respirar aire puro, tener suficiente descanso y no ver demasiada televisión, preferiblemente oír música clásica o romántica, de esa forma deleitará el alma.

La preocupación

La preocupación, qué palabra más perturbadora, inquietante, demoledora y fastidiosa, que conduce y des controla al cerebro débil, causando tanto daño cuan do te preocupas en forma negativa pierdes completamente el control de lo que se debe hacer correcto.

Si tu preocupación es un problema, es fácil manejarlo, porque no existe ningún problema humano al que no se le pueda dar solución, puesto que esa solución está en nosotros.

Procura hacer esto y disminuirás tus preocupaciones. Encuentra el lado positivo a todo aquello que parezca negativo. Y si usas esta fórmula estarás mucho mejor diciendo: "Mi espíritu queda tranquilo cuando perdono en vez de juzgar. Adiós preocupación, porque nada me va a afectar".

¡No lo pienses más y anímate! Ahora es tu tiempo

La mayoría de las veces el momento está a tu favor, no te lanzas, quizás por tu inseguridad o la falta de confianza.

Cuántas veces te has cohibido de hacer algo porque piensas que no es el momento oportuno para hacerlo. Tal vez crees que necesitas más dinero, más conocimientos, más tiempo o sencillamente mejores circunstancias.

¿Sabías que la mayoría de las personas espera demasiado tiempo para actuar? Es bueno que sepas que no hay un momento ideal ¡sólo hay que arriesgarse!

Fortalece tu decisión, observa estos ejemplos: Napoleón Bonaparte, uno de los Comandantes militares más reconocido de la historia dijo: "La voluntad es tres veces más fuerte que el físico". El emprendedor quiso decir que la actitud con la que un ejército enfrenta una batalla tendrá tres veces más potencia que sus recursos físicos.

Cuando Napoleón Bonaparte se proponía cruzar los Alpes, sus tenientes le dijeron: "Tienes que esperar; es imposible atravesar los Alpes en esta época". El emperador no esperó; montó una mula y dirigió a sus tropas por caminos mortales sorprendiendo al enemigo y lo venció.

Con voluntad y determinación una persona puede convertirse en lo que desea ser, puede lograr cualquier meta. No permita que el miedo te paralice, aunque no estés listo.

El matrimonio: Causa y efecto

El matrimonio es la unión de un hombre y una mujer para hacer una vida en común, que es atestiguada o certificada por una entidad civil o religiosa.

La base importante en un matrimonio es mantenerse fuerte y estable.

¿Cómo se consigue?

Con una buena comunicación, respeto, consideración, capacidad de entendimiento, soportar los momentos difíciles que enfrenta la vida con amor, fe y confianza de ambos en la relación, elogiarse cuando sea necesario, corregirse las faltas y no olvidar el ingrediente más importante, la relación sexual en la pareja.

No olvidar que cualquier religión ayuda a mantener la estabilidad de un matrimonio. La religión bíblica es la revelada y por eso es la mejor.

El acatamiento a las normas bíblicas produce una vida llena de virtudes, que propicia las buenas relaciones interpersonales en el matrimonio.

La pareja: ¿Qué es lo que nos ocurre?

Este es un campo muy amplio para analizar y orientar a la vez, pero daré algunas pinceladas para que tenga un panorama general de este punto.

Lo primordial es analizar cuidadosamente la realidad y hay que comparar si la relación significa lo mismo para ambos.

Para uno puede significar estabilidad y comprensión, mientras que para el otro la pareja es sinónimo de pasión, aventura, vivir al día.

De esa manera habría que preguntarse si merece la pena seguir juntos.

En cambio, cuestiones como los problemas de comunicación, las desavenencias sexuales, la falta de estímulos y la rutina con las que se tropiezan todas las parejas, pueden resolverse sobre la marcha y sin llegar a la ruptura.

Tóxicos en el amor

Una persona "tóxica" es aquella que quiere poseer nuestro amor en exclusiva, Nos infesta con su negatividad, nos aflige con su actitud o no nos deja crecer. Es la persona que no se muestra contento con nuestros éxitos, pone barreras a nuestros esfuerzos para ser feliz o que, como norma habitual, trata de vencernos, disgustarnos, dañarnos o desanimarnos.

Amiga/o lector, la pareja no es tu sirviente, ni tu esclavo, sino tu socorro. Alguien quien vela por ti en todo momento, a quien tú debes enseñar a proteger de tu amor, no se debe ser egoísta.

Desprende de tu corazón lo que haga daño a tu relación. La buena relación es lo más importante en la pareja.

Peleas habituales Dificultades sexuales, rutina y aburrimiento

Ante la falta de comunicación hay que aprender a escuchar e informarse de forma adecuada.

Cuando los conflictos se producen en la cama, en ese caso hay que hablar claramente sobre las preferencias, fantasías y frecuencias sexuales sin pudores ni tapujos.

Muchas veces, la falta de deseo obedece a una falta de conocimiento de las necesidades mutuas. Todo está permitido, siempre que ninguno se vea obligado a hacer lo que no le apetece.

Es muy importante que la pareja conozca que, si los problemas se deben a la rutina y aburrimiento hay que tener presente que después del estado de gracia inicial o enamoramiento, que dura de cinco meses a dos años, suelen aparecer la rutina y el tedio.

Es de beneficio para la pareja darse mutuamente pequeñas sorpresas y seguir descubriendo las facetas del otro.

Conviértete en lo que quieres ser

Amigo/a, qué tremenda facultad tienes. ¿Por qué desperdiciar tanto tiempo para poner en marcha las condiciones que tú puedes representar? Sabes que puedes llegar a ser lo que deseas ser.

¿No te has detenido a pensar que eres único en el mundo, sólo por obra y honra de Dios? Si Dios hizo la voluntad, no seas tonto y aprovecha esa tremenda oportunidad.

Tú puedes ser el modelo y orgullo de tu familia; enciende el motor de la superación y no te quedes dormido dónde estás.

La puerta del éxito espera por ti, avanza y no dejes para mañana lo que puedes hacer hoy, escucha lo que te digo hoy, tú sabes que sí, tú puedes, hazlo ya.

No te quejes, pues tú eres el culpable

Deja de culpar a tu cónyuge de tus fracasos, de tu infelicidad, deja de quejarte tanto en el huerto ajeno y no te fijes en los demás. Cultiva en tu hogar lo que verdaderamente anhelas.

Cuanto más desinterés tengas de las personas y de las cosas ajenas, menos obstáculos tendrás y menos fracasos.

Si te detienes a analizarte, tú eres la suma total de tus derrotas, por no tener confianza en ti mismo.

Pasa lo mismo que cuando se tiene achaques o enfermedades, que la voluntad de sanarte es igual a la de empeorarte. Mentalmente te vas a preparar a sufrir o a curarte.

Si pones la mente positiva vas a mejorarte.

Haz lo que deseas sin destruirte

Haz todo aquello que deseas, como tocar la guitarra, escuchar un violín, oír el tambor de una tambora o tararear recibiendo la ducha en el baño, así entusiasmarás al corazón, un cuerpo alegre estimula una sonrisa en tus labios.

Hacer lo que te encanta hacer es el sostén principal para tener abundancia en tu vida.

Si buscas amor, encontrarás amor; si buscas satisfacción, encontrarás felicidad; si buscas fe, encontrarás esperanza. Creé y verás que tu búsqueda será satisfecha. Pues, no lo pienses dos veces en hacer realmente lo que te encanta hacer.

Es importante que sepas que, si tú quieres, puedes hacerlo. Tú eres una persona llena de éxitos. No porque ganes mucho dinero sino porque dentro de ti hay un ser humano y tus deseos tendrán la oportunidad de producir millones de bendiciones.

El presente está en espera, disfruta de él hoy

Si el presente espera por ti, no vaciles tanto para aprovechar al máximo de él. Oriéntate más hacia el presente, buscando todas las cosas agradables que el presente representa.

Disfruta cada día las actividades que él te brinda hoy y no fijes tus pensamientos en darle vueltas a la cabeza de lo que puedes esperar para el mañana.

Es tan importante el hoy, porque el momento de ser feliz es ahora, no después.

Recuerda, hay que hacer hoy lo que todo el mundo hará mañana y tú representas lo que elijas ser hoy, olvídate de lo que quisiste ayer y mucho más de lo que querrás mañana.

¿Cuál es tu maestro?

¿Quién es tu Maestro? Es aquel que te brinda la oportunidad de enseñarte el camino de la vida.

Lo que verdaderamente debes de aprender es defenderte y prepararte para que tú no seas un obstáculo en el campo social.

Aprenderás ética antes que normas, te dará conocimientos antes que logros y te ofrecerá la forma de conocer la serenidad, la paciencia y el dominio del control.

Maestro puede ser tu padre, tu madre, un amigo o amiga; si logras conseguir ese instructor, llámalo tu Maestro.

Orientaciones sicológicas

Ten presente que el éxito de cualquier proyecto depende en buena manera del empeño que tú pongas para aprender.

Teniendo muy en cuenta que el principio a la sabiduría es el temor a Dios.

El precio de un cigarrillo

Me da mucha pena de ti, qué débil te demuestras ante la tentación de llevarte un cigarrillo a la boca. Estás cambiando por un soplo de humo la culminación de tu cuerpo.

Tú, más que nadie, sabe el daño profundo que eso le causa a la salud. Cáncer, presión alta, presión baja, descontrol de los nervios, pérdida de la voz, mal aliento, desperfecto en los dedos de las manos, manchas amarillas en tus dientes, cambio de color en tus cabellos, sofocos, pérdida de apetito sexual y muchas cosas más.

¡Bárbaro! Te felicito. Cuántas cosas dañinas para perjudicar tu salud, sólo por el hecho de un deseo momentáneo. Un sorbo de humo a cambio de tu muerte. Se te puede llamar el héroe de la muerte.

En verdad te digo amigo/a, que todo problema, como también toda solución está en tu cerebro.

El hombre astuto es más sagaz que el traicionero

Las personas astutas poseen un dominio equilibrado, por más que hablen y murmuren de forma burlona de ellos, su capacidad les permite evadir con inteligencia lo que puede hacerles daño.

Cuando el vecino te hiere no te desconciertes, mantén tu calma, olvídate inmediatamente de la herida inútil, quizás sea una prueba de las tantas que el camino tiene para ti. Deja que tu mente siga su curso, que ella misma encontrará la serenidad. Recuerda que los momentos de burlas también tienen su bendición, de esa forma te permite identificar a los que tú, con amor, continuarás dándoles tus manos amigas.

Maltrato a la mujer

¿Hastiada de sufrir? ¡Libérate!

Maltrato sufrido en silencio, dolor irresistible, bofetadas, patadas y humillación.

Monstruo, bastardo, hombre desconsiderado, ¿por qué maltratas el ser que te vio nacer, el ser que te hace sentir placer?

¡Mujer! Para los golpes que recibes a diario; no aguantes en silencio lo que puede llevarte a la tumba.

¿Te has olvidado que eres la perla que domina el horizonte? ¿Por qué te dejas humillar tanto, si eres el ser que produce conmoción al hombre que no te considera?

Levanta la voz de protesta y grítale al mundo que ya eres libre, libre de accionar, libre de buscar a quien verdaderamente merezca tu amor.

No permitas que la droga carcoma tu cerebro

Juventud. No sabes el valor que tienes y el precio inmenso que representas. Eres el porvenir y el futuro de la nación; eres el honor de la patria; eres la muestra de enseñanza, decoro y superación.

No permitas que el vicio de la droga deforme la imagen que simbolizas.

El tiempo es el amigo de la verdad. Tarde o temprano Dios no permitirá que la droga gane la batalla, aunque el poder del hombre ambicioso a lo material luche en favor de una ganancia maldita vendiéndote droga que debilitará tu cerebro, no importándole la desgracia que esto será para tu familia.

Llénate de fortaleza y orgullo y para el negocio del hombre que vende el veneno.

Recuerda que tú representas una joya impresionante para nuestro país y eres el baluarte de tu familia.

36

Qué hermosa es la libertad interior

La libertar interior es relajante y aquellas personas más libres del mundo son aquellas que pueden mantener un gozo en su interior.

Dichoso es aquel que pueda amar con libertad, aunque sea dentro de su propio ser.

Aprende a amar con libertad así sea por un instante, porque de esa forma amarás con libertad aquellos que merezcan amor.

Puede ser que lo veas muy sencillo, pero el valor de la libertad cuesta mucho.

Busca y encuentra dentro de ti mismo tu propia libertad. La libertad es respetarte, distinguirte, valorizarte y amarte sobre todas las cosas, como también amar la libertad de los demás.

Hasta el pensamiento es libre, aunque te encuentres encerrado en una celda. El poder de la libertad es tan poderoso que aunque te encuentres preso tu pensamiento es libre.

¡¿No encuentras que es hermoso ser libre?¡

Brindar bondad y afecto al prójimo sin esperar recompensas

Cuando verdaderamente los líderes utilizan la inteligencia y el conocimiento para servir a los demás, la población recupera esperanza.

Lo maravilloso es cuando se transporta el corazón llevando afecto sin esperar nada a cambio y sólo ofreciendo un cariño con amor, creando así una relación milagrosa.

Dar amor a los demás es energizar confianza en ti mismo. Amar es superarse y lo que cuenta no es lo que se da sino el amor con el que se ofrece.

Ten pendiente que el amor dura tanto al que da, como al que recibe, pues hay que amar si se desea ser amado.

Líder, ama de corazón a tu prójimo y tu liderazgo será diferente.

Reír y amar, la combinación perfecta para la salud

Hay que reír, pues la alegría estimula la revolución del cuerpo.

Cuando tu cara demuestra una sonrisa da afecto, entusiasmo y abre las puertas de tu corazón para una buena relación.

Cuando caminas, alegre de todo lo que llevas, tu sonrisa es lo que mejor te sienta.

Es importante que sepas que siete días sin reír debilita el cuerpo.

La vida debe enriquecerse con una cálida sonrisa, mucho más si va acompañada con amor.

Orientaciones sicológicas

La mayor felicidad es amar y ser amado. Las personas que tengan la capacidad e inteligencia de dirigir su risa y amar poseen el dominio de conducir su salud.

Qué es el dinero y cómo administrarlo

¿Sabía usted que el dinero puede ser un gran dolor de cabeza en la familia.

El dinero puede ser uno de los temas más difíciles de tratar con tranquilidad. No sorprende que suela encabezar la lista de causas de discusiones matrimoniales, por lo tanto, le sugiero aprender a hablar del dinero con tranquilidad y paciencia, para que el volumen de la ambición no lo haga fracasar.

Las dificultades que se presentan comúnmente en la familia suelen deberse a la desconfianza de ambas partes. Asimismo en el desorden del mal gasto del dinero, al igual del mal uso a causa de vicios, como por ejemplo las compras de alcohol, tabaco, juego de loterías y utensilios innecesarios, cuando verdaderamente no se usan.

Esas son de las pocas cosas que mencionamos de cómo se malgasta el dinero.

Pero, es importante dialogar de la economía familiar con confianza absoluta.

Acostúmbrese a hablar siempre con su cónyuge si quiere gastar más de lo acordado y es de buena organización poner los planes de gastos por escrito.

Recuerde siempre que el matrimonio es más importante que el dinero.

¿Qué esperas para encender la luz?

La armonía y el entusiasmo entran en tu interior a través de tu propio pensamiento. Si son positivos serán entusiastas y si son negativos entonces serán problemáticos.

Acaba de encender en tu interior la vela cuya llama no vacila ni siquiera cuando se te presente lo peor.

No cuestiones tu espíritu, no te das cuenta que es cuantioso, magnífico, divino y grande.

Llénate de valor y enciende la chispa de tu cerebro y luego trasládalo al famoso mundo físico.

Sin descuidarte que lo principal en la vida es encender la llama en el camino de Dios.

Y recuerda que la tristeza es un muro construido ante dos jardines.

Debes valorarte

Valora lo que más vale en ti, tu personalidad, porque si no lo haces llegará al momento que la perderás. Al comunicarte con los demás, fortificarás tu propio yo y enriquecerás a los demás si tienes una imagen positiva de ti mismo.

Valora lo mejor de ti hablando bien de ti mismo.

Cuando tengas la oportunidad de abrir tu boca para hablar de ti, no lo hagas en forma despreciativa, diciendo me siento mal, estoy enfermo, que mala suerte tengo. Hazlo en forma positiva y verás que desde ese mismo instante cambiará tu cuerpo y te sentirás mejor.

La forma de valorarte es no oprimir lo poco que das; si puedes dar más de lo que tienes, el valor de tu servicio se multiplicará.

No permitas que la ira se apodere de ti

Hermano/a, en momentos de desesperación aparta la ira de ti y desecha el enojo. No te encamines hacia lo malo, porque lo maligno será destruido. Aíslate del mal y haz el bien, recuerda que los mansos siempre obtienen la victoria.

Importante es que conozcas que hay un final dichoso para el hombre de paz, teniendo presente que el que no ama no ha conocido a Dios, porque Dios es amor.

Toco tu conciencia, disfrutando contigo este crecimiento de paz y los días de hambre serán saciados.

Aprendamos a ser justos, porque los justos tienen misericordia y no son tacaños.

Apártate de las lenguas mentirosas , para que tu conciencia no esté sucia.

Si deseas tener paz en tu interior, deja que los demás sean como son, no permitiendo que el control de tu vida salga fuera de ti, sino que siempre cree en ti.

Convierte tus debilidades en virtudes

El terror al fracaso nos hace posponer decisiones, proyectos y sueños.

Si has estado contemplando tomar una decisión trascendental, ya sea comprar una vivienda, salir embarazada, retornar a la universidad, establecer tu propio negocio o salir de una relación, no esperes por la circunstancia perfecta, pues ésta nunca llegará.

Siempre ten presente que la vida del éxito no es tan difícil, pues para obtenerlo no tienes que hacer cosas extraordinarias sino que debes hacer cosas ordinarias muy bien.

Si te perfilas un triunfador, no olvides que el ganador es aquel que siempre piensa positivo y todo el tiempo tiene un espacio para crecer.

Es bueno que sepas que las debilidades se crean por la incapacidad de ir hacia adelante.

El valor de la autoestima positiva Síntomas de una autoestima positiva

Una persona con la autoestima alta:

- Amarse y valorarse a sí mismo.
- Asume responsabilidades con eficiencia.
- Está orgulloso/a de sus logros.
- Afronta nuevos retos con entusiasmo y dedicación.
- Utiliza sus medios, oportunidades y capacidades
- para modificar su vida, de manera positiva y organizada.
- Se quiere y se respeta a sí mismo y consigue el aprecio y respeto de quienes lo rodean.
- Rechaza toda actitud negativa para la persona misma.
- Expresa sinceridad en toda manifestación de afecto que realiza.
- Se acepta a sí mismo/a.
- No es envidioso/a ni egoísta y es el inmenso orgullo
- del amor propio.

Síntomas de una autoestima negativa

Cuando una persona tiene su autoestima baja:

-   Desprecia sus dones naturales.
-   Otras personas influyen en ella con facilidad.
-   Se frustran fácilmente y siempre se convierten en víctimas.
-   Se siente impotente.
-   Se acusan de que todo les sale mal.
-   Actúa a la defensiva.
-   Culpa a los demás de sus debilidades.
-   Es completamente derrotista.
-   El valor de la fe es muy bajo.

La clave principal del éxito
Organización, Disciplina y Cumplimiento

Se debe tener en cuenta que la búsqueda con desesperación de bienes materiales no conduce al éxito.

De hecho, el materialismo está entre las más grandes amenazas a la vida de familia.

Lo importante son las relaciones humanas en el campo del éxito.

No dar importancia a las críticas es la mejor estrategia para el bienestar del éxito. Las críticas son tan peligrosas que afectan el orgullo de la persona, pues si deseas encontrar el camino del éxito aparta de tu lado el terror de la crítica.

Elelis Peña Ph.D.

Si en verdad quieres tener éxito aprende a valorar el punto de vista de las otras personas y no vaciles en reconocer el logro de los demás, verás que automáticamente tendrás una vida llena de éxitos.

> *Recuerda que cuesta trabajo llegar al éxito, si Dios te brinda la oportunidad, entonces busca la sabiduría para mantenerlo.*

¿Quién no quiere ser importante y cuánto paga para serlo?

Qué significativo es ser importante y cuán grande es la importancia.

Decía uno de los famosos escritores más grandes de USA, Dale Carnegie: "El deseo de sentirse importante es lo más significativo para una persona, y más cuando se relaciona con el poder de la buena voluntad lo que obtiene es resultados realmente significativos".

Porque el poder fluye más poderoso cuando está acompañado de una inmensa fe. A través del tiempo he aprendido que el poder tiene más relación con lo divino que con el mundo natural, siempre y cuando se use el poder para el bienestar de la humanidad es luminoso.

Mi querido lector

No quisiera terminar mis sugerencias sin dejar de recordarte cuán dañino y mortificante es el estrés.

Como te expliqué en mi primer libro 'Los Sabios Consejos', ahora me permito explicarte más detallado, para que así tengas la oportunidad de grabártelo en tu mente y no te dejes vencer de esa grave enfermedad mental.

El estrés: Sus efectos y las cinco maneras prácticas para combatirlos.

El estrés es en realidad un trastorno médico verdadero, el que debe ser tomado en serio.

Está vinculado a numerosas causas de fallecimientos, como infartos, cáncer, enfermedades pulmonares, accidentes, cirrosis hepática y suicidios.

Según información del web howstuffworks.com, cuando el ser humano está estresado, el cerebro envía mensajes al organismo para que libre ciertas hormonas, como la adrenalina y el cortisol.

Dichas hormonas elevan la presión cardíaca y la arterial, tensando los músculos y la respiración comienza a agitarse.

Además el sistema digestivo e inmunológico puede dejar de funcionar para que el cuerpo enfoque todas sus energías en la tarea que se está realizando.

Cuando todo el organismo puede ser afectado por el estrés resulta difícil detectar un síntoma que indique la presencia del trastorno, debido a que los dolores de cabeza, molestias y dolores corporales, insomnio, ansiedad, etc. pueden ser vinculados al estrés.

Es muy importante conocer que el estrés puede afectar la vida personal y profesional.

Aquí le presento algunas sugerencias para mantener la calma frente a la presencia del estrés.

1- Visualización: Muchos consideran que la meditación o la visualización positiva son buenas formas de dominar dicha enfermedad.

2- 2-Distanciarse de la situación estresante: Siempre que pueda aleje el pensamiento por unos instantes efectuando como por ejemplo: una breve caminata y comer una merienda ligera.

3- 3- Ejercitación: Los ejercicios pueden ser una medida excelente para estimular la circulación de endorfinas por el organismo.

Además, el ejercicio elimina la tensión del cuerpo y hace que su mente piense en otra cosa.

4- Haga algo que le guste: Quizás le satisfaga un masaje o una visita al pedicuro, o la incursión a algún tipo de deporte. Es importante orientar su mente a una actividad que le guste y dedíquele algún tiempo a la misma.

Una vida con un equilibrio adecuado de trabajo y actividades podría ser menos estresante.

5- Hable con su médico: Mantener una comunicación constante con su médico o sicólogo es muy beneficioso.

Donde pueda intercambiar opiniones o consejos especializados puede ayudar a encontrar vías de alivio a su problema.

Su médico o sicólogo de familia también puede considerar el uso de algún medicamento o terapia, fundamentalmente si el estrés procede de un acontecimiento traumático.

El médico podrá ayudar a crear un programa funcional para usted y su salud en general.

Recuerde que el estrés es un trastorno común en los seres humanos, pero que se puede controlar con una amplia gama de técnicas.

Increíble y maravillosa mujer

(Tú eres mi cantar de vida)

"Si el cielo que miramos
Se derrumbara y cayera
Y las montañas se desmoronaran hacia el mar
No lloraré, no lloraré, no,
no verteré una lágrima
Mientras estés, estés conmigo."

Estas líneas de la canción "Stand by Me" que hizo famosa Ben E. King, uno de sus coautores, es un corpúsculo del inmenso universo que el hombre ha entonado en loa de la mujer. Cuando escribo "mujer" así, con minúscula, me brota como una rebeldía del fondo del pecho, quisiera gritar a plena voz, mi voz como un trueno con clamorosa música de timbales, quisiera luego pronunciarla con la más dulce de las voces, como arrullo de amor al oído de mi amada con un lejano gemir de violines, no sé, yo pregunto ¿con qué voz se le canta a la madre, a la amiga, al amor, a la prodigiosa y dulce compañera de nuestra vida?

58

Orientaciones sicológicas

La historia del tiempo refulge con su presencia en todas las horas de nuestros andares. En la paz, en la guerra, en los campos, poniendo el milagro de su gesto, de su amor, de su palabra en el angustioso y áspero camino desde la prehistoria hasta nuestros días.

El baile, la danza, el canto, el torbellino de las faldas, el soberbio perfil de la mujer entera, en fiestas, nacimientos, festejos, ceremonias, tragedias, muerte. Pariendo los hijos bajos cielos inclementes, labrando incansable las tierras con su hombre, levantando hogares, refugio tibio y cariñoso de nuestros dolores y cansancios existenciales.

No, no sé qué decir, en el camino del hombre, desde su primer recuerdo, siempre estuvo y estará ella. En cada jornada, en cada día, en cada trabajo. A veces me pregunto si el arte todo: el canto, la danza, la música, la pintura, la literatura, la poesía y todas las otras expresiones imperecederas del arte, no habrán nacido, cuando es el hombre que la expresa, de su necesidad oculta de rendir homenaje a ese milagro que es la mujer.

Han pasado milenios, hubo tiempos en que la mujer regía y el hombre la seguía, altibajos de relaciones a largo y ancho del mundo, desde los confines del tiempo hasta ahora. Historia de desigualdades, de abusos, de barbarie, que incluso hoy persisten.

No te hablaré de ello hoy, hoy hablaré de tu genio, de tu inteligencia, del lugar señero que vas ocupando cada día más en cada una de las actividades humanas.

Elelis Peña Ph.D.

De los miles de versos a ti, elegiré tan solo dos estrofas de "Un Canto a la Mujer" de Luis Alberto Machado que dice: "Ven conmigo / a sembrar / las semillas de mañana. / Incendiaremos la tierra / con los frutos / de la vida.". . . "Entrégame / los frutos de tu huerto, / las uvas de tu vida / y un océano / de agua / fresca / de la fuente / donde brota mi sed."

Quiero que sepas que el verte hoy día en cada puesto que ocupas me llena de orgullo, de satisfacción, de admiración al verte desenvolver dictando cátedra, eres tú, madre mía; eres tú, hermana mía; tú, amante mía; tú, esposa mía; tú, hija mía. Por lo que siempre diré ¡Cuán grande eres tu mujer!

Para nosotros, los hombres, uno de los milagros más admirables que hizo Dios, fue el hacerte tal como eres el varón de la naturaleza.

¡Que puedas cumplir tu insaciable afán de superación y nos marques nuevos rumbos a seguir!

Y ahora, con voz íntima, me acerco a ti pensando aquellas palabras de la increíble sueca Ingrid Bergman: "Un beso es un amoroso truco de la naturaleza para hacernos callar cuando las palabras se vuelven superfluas".

"Sonríe es lo segundo mejor que puedes hacer con tus labios."

Eres un bendecido
por el sólo hecho de estar en esta tierra

Bien aventurado es aquel que al despertar abra los ojos en cada mañana, teniendo en consideración que cada amanecer tiene su propio afán, con el trabajo, con el quehacer del diario vivir, con la conquista del amor, y con retos para alcanzar las bendiciones de logros.

Atrévete a soñar, pero cosas que puedan ser completamente reales.

En tu desvelo por la vida, es muy importante actuar con pasión cuando desees lograr algo, teniendo el mayor cuidado con las espinas de la vida.

Por los muchos golpes que recibas jamás te rindas.

Que enorgullecedor es sonreírle a la vida de los obstáculos.

Entendiendo que la vida no se presta fácil en la rutina diaria, pero con todo eso debemos de darles gracias a Dios y sentirnos felices por nuestra presencia en este universo.

Es una interrogante entenderlo, pero es una realidad como se viene desarrollando cada día más, la precariedad alimenticia en este mundo en el que estamos viviendo. Lamentablemente nosotros mismos somos los culpables.

Orientaciones sicológicas

Y, digo yo que seguiremos cabalgando de mal en peor, si no abrazamos el amor del humanismo; porque mientras continúe el fanatismo político y la ideología criminal de algunos llamados líderes y religiosos con el dominio del poder de los gobiernos, el cambio de mejoría se verá más lejos.

Para algunos feligreses que usan el nombre de Dios en vano, que equivocados se encuentran si creen que alcanzarán la salvación, por el solo hecho de pregonar en un templo que Cristo salva, y estando todos los días de rodillas ante el altar. (Bueno ya veremos).

Cómo nos alimenta el
dominio de la paciencia

Cuanto me agradaría que repase este tema amigo lector. La persona paciente es la que no pierde el control de sus emociones, aun en situaciones, criticas. El personal paciente es dueño de sí mismo. Ese fuerte hace que su ánimo no dependa de los vaivenes y las vicisitudes externas, sino de su propio templo espiritual. Por lo que el hombre o la mujer paciente soporte el mal y los contrastes, sembrando la paz con su actitud, infundiendo sosiego y cordura.

Causa tanta tristeza cuando te encuentras con gente explosiva con un temperamento desordenado; y lo grave del caso que ese tipo de personas no tiene el interés de perdonar ni de comprender, siempre viven inquietos, y todo lo que está a su alrededor lo convierten en vaguada turbia.

Por lo que ese es un tema tan delicado, que nadie quiere reconocer la falta de su mal humor. Hay que tener mucho cuidado con el complejo de rechazo, que es un estado penoso para el ser humano, quien ha sido contagiado por el desprecio, permanece con ese dolor y siempre vive en un aislamiento y con un trauma sicológico.

Son tantos los problemas sociales que nos están afectando sicológicamente en estos momentos, y cada día se pone más estresante. Le informo de este dato para que lo pongan en consideración, estudios que se han realizado por expertos en el aspecto social.

Han investigado que el grado de la felicidad ha disminuido vertiginosamente a un 32% en la población a nivel mundial, y concerniente a los divorcios ya es un contagio que lamentablemente se convirtió en costumbre. Si a la violación se refiere se ha triplicado, de niños y mujeres en todo un continente.

Es por lo que cada momento hay más gente deprimida en nuestra sociedad. Ahí es donde yo analizo, ¿Cómo podemos tener la moral en alto?, si luchar en esta vida por la tranquilidad cada día por liberar el estrés se torna más difícil, pero cuidadito con bajar la estima de la esperanza.

Si mira el ángulo desde un punto de vista honesto, se ve claramente que solamente podrán sobrevivir los más fuertes. Más aún si observamos el sentido de la verdad como nos afecta negativamente estas palabras a nuestra estabilidad emocional como ser humano.

Y, hay que tener cuidado para no dejarse fracasar de ellas. (La ansiedad, el miedo, la ironía, el desprecio, la cólera, el odio y la envidia) donde cada una de ellas pueden golpear al más fuerte. Sin poder escapar.

Cómo nos destruye el llamado poder del hombre ambicioso

Por otro lado el llamado poder mundial de los gobiernos, gastando millones de dólares al año en armas y militares para combatir al pueblo que Dios creó. Dígame si no es para preocuparnos. Yo sé que usted amigo lector se estará diciendo que esto no tiene solución. Sí quizás tenga razón, pero cómo podemos solucionar la pena y el dolor con tantas guerras.

Este es el motivo de convertir el odio en amor. Mientras que la pobreza en el mundo sigue en aumento. Amado lector cómo pueden ustedes creer que no exista el llamado trauma sicológico. Para que tengamos un poco de desahogo espiritual, abracémonos entre familia en el poder del amor de Dios, a comulgar por la solidaridad y la fraternidad de todos; extendiendo tus manos hasta donde sea necesario para colaborar con la humanidad.

Debemos de entender claro y sencillamente el entorno económico, social y tecnológico actual que es nuestra propia creación, por lo que hay que darle un voto positivo de gran escala del ser humano. En el campo sicológico eso representa un alivio de desarrollo de nuestra cultura.

Con un indicador que debemos de ir más allá con la solidaridad y ser más pasivo con la tolerancia. De esa forma colaboraríamos con el trauma sicológico. Tenemos que unirnos en hermandad como ciudadanos, y exigirles a nuestros llamados líderes que busquen por todos los medios de convertir las espadas de guerra en arados de frutos y estimular para fortalecer el entendimiento entre unos y otros.

Yo, como miembro de la comunidad humanitaria, imploro por la responsabilidad que hay que adoptar para la cultura a la no violencia. Si cada uno de nosotros pusiéramos un granito de arena para evolucionar nuestra conciencia en forma organizada en esta dimensión planetaria. Empezando por ordenar nuestra propia familia, que es la raíz y el principio de nuestra educación.

Creo que sería mucho mejor y, así actuaríamos con más certeza. Ya, se están dando cuenta de la gran dimensión del problema sicológico que tenemos. Lo más triste del caso, que lamentablemente esa molestia social está afectando directamente a la clase más humilde alrededor del mundo.

La fuerza del bien y el mal, no se han fijado que entre estas dos fuerzas; siempre se le presta más atención al mal que al bien. Algunos pensamos que el mal es más poderoso, es falso, mentira del Diablo, lo que pasa, es que nosotros coqueteamos más con el mal que con el bien.

Para contrarrestar ese concepto negativo, haz que todo aquel que esté a tu alrededor se sienta bien, ofreciéndole afectuosos saludos con aprecio, si te acostumbras a ver mal a los demás, y encontrar defectos a todas las cosas y poner negatividad a lo que se te presente, puedes estar seguro que pasa algo profundamente en tu interior, o tus pensamientos son derrotistas.

Una persona noble y agradecida, usualmente atempera la vida de lo más estable. Perdona que lo diga con tan fuerte expresión, pero, ¡Quien sólo vive el lado negativo de la vida, que pena, es igual a un insecto que está volando en el mundo sin rumbo!

Que mal gusto es ver al que no conoce la misericordia, porque lamentablemente sin darse cuenta, tarde o temprano, terminará destruyendo a alguien o sí mismo. Triste de aquellos que lo único que tienen es soledad, carencia afectiva y miedo por su baja estima. Lamentable sería si no cambia de actitud y su suerte será borrosa.

Cuida tu propia espalda

Ojo con aquellos que solamente viven murmurando a los demás, son personas verdaderamente infelices en su interior, al sentirse inferior no pueden admirar a otras personas. Ustedes saben cuál es la moraleja de un chismoso; vive pendiente a todo el mundo, siempre está de bochinche en bochinche.

Es muy criticón, y lo peor del caso, es que no descansa, no duerme por estar pendiente, y es lamentable, que no gana nada por estar de bocón. No dejo de pensar de las tres ambiciones del hombre moderno en este mundo; el poder del dominio, el afán por la grandeza, y la ambición al dinero sin detenerse.

Es por lo que me cuesta decir, pero es una realidad, desde que el hombre se hizo dueño de un pedazo de tierra en este planeta, cuanto lamento, se acabó el humanismo y comenzó la debacle con el ateísmo y la ambición material del hombre.

¡Ay cuán grande es ese versículo de la Biblia! Gen 2/16/17. Y mandó Jehová Dios al hombre, diciendo: De todo árbol del huerto podrás comer; más del árbol de la ciencia del bien y del mal no comerás; porque el día que le comieres, ciertamente morirás.

¡Qué difícil es creerlo! Pero en verdad qué rebeldes somos para con nosotros mismos. Vamos a encaminarnos por el camino del bien, no guardes palabras de rencor en tu corazón, ni de veracidad, ni de afirmación de frases mal intencionadas que hieran tu estima.

Recuerda que no hay palabras que surten efectos sino tienen sus acciones de hechos. Que enriquecedor es cuando tú eres caritativo con quien lo necesita, y que halagador es cuando tú respetas de corazón, palabra y Pensamiento. Aunque todo parezca sin sentido Dios aun tiene un propósito para nuestra vida.

Se puede decir que la gratitud, es el gesto más importante que una persona acciona en post de un agradecimiento, porque aunque no lo creas lo más hiriente es la reacción de los ingratos, "ojo con ellos", no te imaginas lo elegante que es dar las gracias. A veces no entiendo cómo podemos tener un anti- valor en nuestro interior.

En mi momento de reflexión analizo profundamente el comportamiento, y el agradecimiento, en lo que a la lealtad se refiere y, pensando yo, que ser bueno en el camino es tan rico, pero en lo real no es tan fácil, y la mayoría de las veces tampoco es agradable.

Por la sencilla razón que muchas de las personas que le brindas tu mano amiga, son los primeros que no te respetan, te ultrajan y murmuran a tu espalda y, sin sorpresa alguna, son los primeros en aprovechar tu buena voluntad cuando tú das la bendición. Qué terrible es la hipocresía.

No quiero opinar mucho de las personas mal agradecidas, porque ellos están llenos de trucos y crueldades. Es sorprendente la cantidad de individuos de esa tendencia. Porque el mundo está lleno de samaritanos que se llenan de orgullo en proclamarse de ser bueno, justo y cristiano.

En verdad hay que tener mucho cuidado con ser demasiado bueno, porque entonces los envidiosos te tildan de ser un tonto. Para ser sincero que gran satisfacción siento que me llamen tonto por hacer una gratitud. Por lo que te insto, en ser cauteloso y estricto con la confianza que brindes a los demás.

Velar siempre por la protección de ella, la confianza se nota sencilla pero es tan delicada y frágil como el cristal, que tan pronto se rompe sus vidrios jamás se puede juntar; por lo que, la confianza en la relación personal es igual.

Hay circunstancia en la vida que no se puede olvidar. Porque el destino a veces te desprende del camino a quien no te conviene; pero sin embargo a veces lloramos por eso sin saber que la vida nos ha hecho un bien en quitarnos del camino lo que nos puede hacer daño.

Consejos que despiertan el estilo de aprender

Aprende a ser tú mismo tu protector, y no permitas que otro te enseñe el mal camino. Recuerda que pensar en forma positiva es la mejor decisión. Vivir el presente sin poner atención al qué dirán, es el mejor antídoto para el murmurón.

Todos deseamos con anhelo del éxito, pero para tener ese sueño hay que empuñar las manos con valentía y vencer las barreras de los obstáculos, sicológicos, sociales y económicos, de igual manera esforzarte y entregar todo lo mejor de ti, con la visión puesta dentro de ti mismo, de ser mejor que los demás para tu superación.

¿Sabías que hoy en día existe tanto camino escuro? Es abundante la marcha de la destrucción, por todos los ángulos que lo mires está contaminado el ambiente, quizás haya una pequeña brecha de escape para que puedas lograr una solución. Debes de mirar tu interior, y observar el potencial que puedes ser tú.

Sí seguro que sí, que hay una dirección y está en nosotros mismos encontrar el camino de la luz, el puerto seguro que te lleva al éxito. Es mantenerte apartado de la oscuridad, de lo turbio. No lo creas misterioso, pero solo el corazón apasionado se inspira y le regala al cuerpo momentos de felicidad.

Ponte en acecho con el desprecio, la burla y la traición, porque esos son los síntomas que intoxican el corazón. Tienes que estar pendiente, porque todo en la vida da dificultad superarlo y aprenderlo, pero lo más importante que tienes que entender, es hacer feliz a los demás sin importar las murmuraciones.

Cuidadito con el veneno de la envidia

Recuerda que los ojos envidiosos nunca tienen satisfacción. Un ser humano que no sea capaz de valorarse a sí mismo, jamás tendrá consideración para otro. Por lo que tú debes de seguir el carril de la buena voluntad y accionar con positivismo.

Soportar con valentía y fe las pruebas que te ponga la vida. Revístete de paciencia y pídele a Dios que te de tolerancia y serenidad para aceptar lo que no puede cambiar; de igual modo que te honres de sabiduría y prudencia para entender la insolencia.

El Valor del respeto

Que prudente es tener la capacidad del respeto. Respetar con altura todo ser humano que esté a tú alrededor: donde no te importe la diferencia de color, raza, cultura social, ideología cristiana, simpatía política ni preferencia sexual, eso es honrar el respeto.

Obedeciendo esa conducta podemos mantener una mente tranquila y en paz. Para brindar una mejor ayuda puede seguir estas orientaciones.

1- Ofertar tu mano amiga de forma comunitaria.
2- Tratar por encima de todo de no odiar ni tener envidia, ni rencor.
3- Poner en claro que hay pruebas en la vida que Dios permite para formar carácter, pero otras son sólo la consecuencia de nuestros malos pasos.
4- Solo el amor permitiría que nazca la semilla a través del tiempo para que produzca la Paciencia y la felicidad.
5- El regocijo más emocionante, es cuando tú nace desde la tolerancia, la humildad y el valor.

Por lo que hay que erguir incansablemente más para alcanzar la costumbre de la libertad.

6- La mejor manera de satisfacer tu talento y tu ego, es dar una mano al que está caído; esa acción es verdaderamente incuestionable, lo que tú logras cuando realizas esa generosidad desde lo más profundo de tu corazón es sumar gesto de amor

Elelis Peña Ph.D.

Hay que buscar por encima de todo mejorar el aliento de la vida, y enriquecernos espiritualmente, donde tengamos la posibilidad de atraer alegría, sanación y paz a nuestra alma. Mi mayor intención por la cual escribí este libro, es para convertir de esos momentos tediosos, desordenados, y frustratorios en lluvia de bendiciones, con frases que refresquen tu mente y traigan entusiasmo a tu corazón.

Donde la alegría sea un ente de buena sensación y que el aburrimiento no te envuelva en un dolor. Estamos agobiados de tantas quejas, que ya con el peso del dolor no aguantas más las molestias. Debemos que cuidar nuestros pasos, porque el camino está lleno de contrariedades y no permite seguir hacia adelante.

Trata por todo los medios de cabalgar en la vida sin guardar rencor, el latido del rencor es mortificante, y si por alguna circunstancia alguien te hiere, haz que tu conciencia se eleve por encima de la culpa y perdónalo. Porque vale más perdonar que cargar con una preocupación que no es tuya.

La persona que puede envolverse y mantener el control de la paciencia, dominar la tolerancia y poseer el valor de humildad, tiene consigo el don de la virtud. Los sueños son libres de pensamiento, procura no envidiar la esperanzas de los demás. Ten siempre la disponibilidad de dar tu mano amiga, y cuando lo hagas hazlo sin dudar.

Recuerda que más adelante la luz del universo se hará dueña de tu buen corazón. El mundo está poblado con sed de carencia, y estamos en un momento con tantas necesidades, por lo que colaborar es como una bendición. No olvides amado lector, que Dios es el único, que da luz, amor, claridad en la oscuridad.

Recuerda que el tiempo es oro

Cuidadito con perder el tiempo, ni mucho menos compita con el hombre avaro y envidioso, y mantente aislado del traidor y el mal agradecido, que ellos son obstáculos y empañan el ascenso de quien quiere superarse.

¡Sabías que ser agradecido es un gesto tan importante que enriquece la salud y da confortabilidad a tu corazón!

Por lo que debe siempre apartarte del mal, y haz el bien por encima de cualquier cosa. Envuélvete con un velo de amor para que pueda perdonar a todo aquel que mire con malos ojos el lugar donde tú estés. No descuides las oportunidades del ahora, que también tienen sus malos hábitos.

Recuerda que el pasado, el presente y el futuro se entrelazan el uno con el otro; pero hay que tener en cuenta de no confundirse de cada uno de ellos. Sabiendo que el más acogedor es el presente, de la cual es el que más hay que interpretarlo y aprovecharlo a la vez.

La mente del universo es el poder donde se conducen todas las cosas. Lo mismo decimos que en cada uno de nosotros hay un poder espiritual en nuestro interior, y es un poder que no ha sido creado por las leyes físicas del hombre; sino un poder Supremo del Divino Creador, que hasta este punto todavía no han llegado los científicos.

Orientaciones sicológicas

Traigo este tema en estas orientaciones sicológicas, para que no confunda, la ciencia física del hombre con el poder Divino de Dios. Ese magnetismo espiritual, representa la mejor canalización de encontrar la tranquilidad, la paz y el verdadero amor.

Que no escape de la mente que la mayor parte de las veces el hombre es el culpable de producir la salud o la enfermedad; la paz o la guerra, y como quiera que tú lo pongas ahí caerá.

Como nos orienta el científico-historiador GREGG BRADEN: donde nos preguntamos, qué tanto poder realmente tenemos para causar cambios en nuestras vidas y en nuestro mundo. Por lo que Braden nos responde simplemente: ¡Tenemos todo el poder necesario para crear todos los cambios que deseemos! Es por la razón que tenemos que dejarnos orientar por el campo sicológico, y el poderoso poder de la oración, que nos hace convertir nuestro clamor de dolor en bendiciones.

Las grandes maravillas se consiguen con paso pequeño y certero. El poder de la creencia es una fuente de luz para aquellos que siguen su iluminación. Es tan real esa creencia que su fe puede convertirse en la mayor felicidad y libertad de acción.

El Maestro Jesús nos instruyó en una de sus prédicas, que sólo bátava un poquito de fe para que se abra la puerta de la esperanza. La palabra fe es tan milagrosa que su sonido causa temor al incrédulo, y es por la falta de confianza.

Elelis Peña Ph.D.

La preocupación por el futuro es un hecho real en el presente, por lo que el tiempo es muy difícil interpretarlo, y les ha causado tanto dolor de cabeza a los científicos, que todavía siguen hasta ahora investigando su movimiento.

Esto ha sido la atención de inquietud del ser humano por décadas; por lo tanto no te dejes neutralizar por el bendito tiempo, y aprovecha al máximo cada minuto y cada hora de él. Cuanto admiro la cita de John Wheeler, que decía ¡Existe el tiempo aunque nadie sepa nada de él!

Algunas veces queremos dudar de esta realidad, pero el ser humano después que se desprendió de las reglas divinas, hasta el sol de hoy estamos viviendo en una batalla constante con los males de guerras, dolor, divorcios, pobreza y enfermedades. Lo que ha sido tan difícil despegarse de ellos.

Nuestra turbulencia se debe a la desobediencia

Me pregunto, y ¿cómo no vamos a tener trauma sicológicos? Lamentablemente nosotros somos los culpables por nuestra desobediencia. ¡Wait, wait! Cuidadito con pensar que soy un fanático religioso. Porque estoy claro y de acuerdo con los sentimientos y las interpretaciones de las reglas Divinas.

Cuanto bendecimos a nuestro Creador, que nos dejó la oración que Jesús enseñó a sus discípulos, la cual se convirtió en la más grandiosa Oración de la Biblia y en todo un continente: ´´el Padre Nuestro´´.

¨Padre nuestro que estás en los cielos, santificado sea tu nombre. Venga tu reino. Hágase tu voluntad, como en el cielo, así también en la tierra. El pan nuestro de cada día, dánoslo hoy. Y perdónanos nuestras deudas, así como también nosotros perdonamos a nuestros deudores. Y no nos dejes caer en la tentación, mas líbranos del mal: porque tuyo es el reino, y el poder, y la gloria, por todos los siglos. Amén.

Wau, que inmenso placer cuando uno se comunica a través de la oración con el Dios del universo. Donde nos brinda esperanza, confianza y liberación. Unámonos a bendecir en alabanza nuestro Creador en el hogar.

Porque donde se practica la alegría, la cortesía, la obediencia y el amor, el resultado de la prudencia es inevitable.

No permitamos envolvernos en la tristeza, por creer que ya no existe la tranquilidad en este mundo. Recuerda que el amor es superior a todo, y Dios es Amor y el que anda bajo la sombra del Creador no puede temer a nada. Debemos de permanecer en amor, para combatir los impactos del enemigo.

Concerniente al ser humano

Este tienes, sueños, esperanzas, y aspiraciones de lograr cosas maravillosas en su vida. Como también tienes penas en su interior. En lo que al latido de dolor se refiere dentro de ti, no importa en el campo que sea, de trabajo, relación amorosa, o el ajetreo del hogar, siempre hay un latir de infelicidad en tu interior.

Por lo que nunca somos sinceros en expresar a las personas más cerca de nosotros nuestro pesar, haciéndole creer al mundo que estamos bien. Pero en cambio por dentro estamos pidiendo desesperadamente que haya un cambio en nuestro sufrimiento.

En realidad es un estado de frustración por lo que está pasando. Porque no sincerarte a ti mismo y acércate a la persona que está próxima a ti, o la que ama, y explicarle tus necesidades de sentimiento y platicarle las llamas vivas que siente tu corazón.

Siempre te voy a explicar que existe el mejor comunicador de entendimiento, de tranquilidad y de paz, que nos da la facultad para entender sus palabras, a través del más grande orador cristiano que pasó por la tierra: Jesús de Nazaret.

Que nos dejó plasmado en su escritura, este bellísimo Versículo para nuestra orientación, no olvides que estamos buscando como sentirnos mejor con nuestras orientaciones benditas. Y no hay mejor luz de recibir, que no sea el camino Divino.

Elelis Peña Ph.D.

Nos orienta el versículo: en Deuteronomio 28, 1-7. Acontecerá que si oyeres atentamente la voz de Jehová tu Dios, para guardar y poner por obra todos sus mandamientos que yo te prescribo hoy, también Jehová tu Dios te exaltará sobre todas las naciones de la tierra.

Y vendrá sobre ti todas estas bendiciones, y te alcanzarán, si oyeres la voz de Jehová tu Dios. Bendito serás tú en la ciudad, y bendito tú en el campo. Bendito el fruto de tu vientre, el fruto de tu tierra, el fruto de tus bestias, la de tus vacas y los rebaños de tus ovejas.

Bendita será tú canasta y tu arte de amasar. Bendito serás tú entrar, y bendito en tu salir. Jehová derrotará a tus enemigos que se levanten contra ti; por un camino saldrán contra ti, y por siete caminos huirán delante de ti.

Algo así como un epílogo Reglas de oro para la longevidad Y un par de cosas más

- No fumes
- Pon la familia primero
- Mantente activo el día entero
- Mantiene siempre contacto social
- Encuentra un propósito a cual dedicarte
-

Estas cinco reglas deberían estar grabadas en placa de oro en la más luminosa pared de nuestro hogar.

Estas cinco reglas están extraídas de largos y concienzudos estudios científicos de las comunidades más longevas hoy día en el mundo.

Cada una de esas comunidades es distinta, profundamente diferentes las unas de las otras en costumbres, ambiente y comportamiento etc., sin embargo los estudios científicos demuestran que esos cinco factores están presentes y son comunes y esenciales en todas ellas.

Los estudiosos han tipificado cuatro edades en la especie humana:

- Primera edad: 1 a 19 años
- -Segunda edad: 20 a 56
- Tercera edad: 57 a 79
- Cuarta edad: 80 y más

Elelis Peña Ph.D.

Hoy día hay 195 naciones en el mundo, cada cual con su expectativa de vida. La diferencia entre los extremos es realmente impresionante desde Japón con 82,6 años hasta Suazilandia con 31,88.

Con el hecho a destacar que la probabilidad de vida de las mujeres es apreciablemente más alta que para el hombre en todos los casos.

Dentro de muchos países hay grupos étnicos con marcadas diferencias respecto al promedio general.

Volviendo a las cinco reglas enunciadas arriba, éstas se cumplen, con ciertas variantes, en la vida de las personas de la cuarta edad en cualquier tipo de sociedad, pero se transforman en regla obligada para la gente de 80 años y más en las comunidades del mundo con más alta probabilidad de vida. Es decir los grupos humanos que tienen un elevado porcentaje de población de 70 y más años.

Sobre cada uno de esos cinco puntos hemos hablado en este libro, pero aquí queríamos destacar no sólo su importancia desde el punto de vista sicológico, de su importancia para su bienestar espiritual, sino de su importancia primordial para una sana y larga vida.

Son reglas universales, saludables, sobre las cuales le conviene reflexionar y hacerlas en lo posible carne de su carne e impartirlas como enseñanza y como ejemplo a sus hijos, su familia, sus amigos.

Recuerde que, aunque no nos demos cuenta, todos en cierta forma somos maestros y ejemplo de la gente que nos rodea y ellos de nosotros.

Orientaciones sicológicas

Anticipándome al comentario de algún lector, desde ya digo que es evidente que debe haber otro sinfín de factores comunes aparte de esos cinco puntos cardinales, pero, claro, los científicos que hacen los estudios tratan de cuantificar y destacar aquellos realmente importantes y que se entienden evidentes y de gran incidencia en la salud física y mental.

Una vez dicho esto, debo decir que hay un factor primordial que no figura en esa lista y que es evidente que existe en esas comunidades en estudio, un factor cardinal que rige e impregna el comportamiento de sus integrantes: la religión.

Las religiones todas, a nivel del grupo humano que las practica, llevan a la integración social, sus preceptos llevan a la sana convivencia, a la participación social, aprendizaje y madurez moral, comprensión mutua de defectos y virtudes del ser humano, y tratan de impartir una serena aceptación de las pequeñas y grandes tragedias vitales, y, además, preparan a sus integrantes a encarar el paso final, la muerte, confortados por un más allá que recompensa y premia las buenas acciones y trabajos realizados en lo personal y en lo social.

De todo esto quiero además destacar algo particularmente esencial, lo que se llama el sentido moral, el sentido ético, del bien y del mal social.

Recordar que la familia es el primer maestro moral de la sociedad y que las buenas costumbres, amabilidad, cortesía, respeto y el cumplimiento de normas de conducta son los elementos básicos sobre los cuales se construirá el futuro hombre o mujer de nuestra sociedad.

Como muchas otras cosas, el compenetrarse, entender, asimilar y crecer en lo moral lleva tiempo, se debe entender que el primer paso es el respeto y entender la máxima divina "no hagas a los demás lo que no desees que te hagan a ti".

Finalmente, su amigo, les recuerda que las inquietudes y curiosidades que impartamos a nuestros hijos en cualquiera de los múltiples campos del hacer humano fructificarán y crecerá si nos tomamos ya el trabajo de sembrar las semillas adecuadas.

Rubén Darío hizo de esta idea, poesía:

Del salón en el ángulo oscuro,
de su dueña tal vez olvidada,
silenciosa y cubierta de polvo
veíase el arpa.

¡Cuánta nota dormía en sus cuerdas
como el pájaro duerme en las ramas,
esperando la mano de nieve
que sabe arrancarlas!

¡Ay! pensé; ¡cuántas veces el genio
así duerme en el fondo del alma,
y una voz, como Lázaro, espera
que le diga: «¡Levántate y anda!».

Para terminar este capítulo, algunas frases recogidas del inmenso cúmulo de la sabiduría humana, perdón si omito los autores, se me escapan de la memoria.

Una de las enfermedades más grandes es no ser nada para nadie.

Grande es una sociedad cuando sus viejos plantan árboles a cuya sombra saben nunca llegarán a sentarse.

Todo empieza y termina con la familia.

Educación es el descubrimiento progresivo de nuestra propia ignorancia.

La alegría compartida es doble, la pena compartida la mitad.

Uno debe comportarse como uno quiere que el mundo lo haga.

Perdonando agravios, negocian los hombres sabios.

Todos necesitamos de alguien para poder realmente disfrutar de algo o poder dolernos de algo.

Hay dos clases de personas: las que entran a un lugar y dicen "¡ah, aquí estoy!" y las que entran y dicen "¡Ah, qué bueno, aquí están!"

El que pregunta pasa por tonto un minuto, el que no lo hace lo será de por vida.

Lloraba porque no tenía zapatos y me encontré con quien no tenía pies.

Elelis Peña Ph.D.

Que no sea más fácil perdonar a un enemigo que perdonar a un amigo.

Con buena compañía nuestro áspero camino se hace más corto y placentero.

Si fueras a morir pronto y tuvieras derecho a sólo una llamada, ¿a quién llamarías y qué le dirías? ¿Qué estás esperando?

Y ahora, yo, Elelis, pensando en ustedes, digo: Dios Todopoderoso, Señor de las Alturas, Señor del Cielo y de la Tierra:

Gracias, pues mi camino tuvo y tiene cálido sol inefable, canto de estrellas mis noches, vientos y huracanes amigos inspiran mi creación, bosque apacible con arrullo de manantial mis meditaciones, mano amiga y báculo fraterno en mis horas difíciles y, por encima de todo, regazo de caricias y besos en las horas íntimas y luminosas en el amoroso templo de mi familia, mi vida entera.

Mis 'Inolvidables'

Llego al final de este libro, un pequeño libro, sin duda, pero donde he puesto el mejor de mis empeños, donde he tratado presentar de mi mejor manera las maravillosas perlas que he encontrado en años de ingente búsqueda en el inmenso y fascinante campo de la orientación sicológica.

Debo confesar que si de mí dependiera, tal vez nunca lo finalizaría, siempre hay un más allá, cientos de cosas que uno quisiera exponer, conversar; es un campo tan atrayente y provocativo que poner un punto final parece injusto con uno mismo y con el lector.

Yo, a este mi libro, le llamo Mi Pequeño Tesoro, pues a modo de prodigioso avaro he atesorado y puesto en él lo mejor que la vida me ha ofrecido.

Y ahora, entonces, es el momento de agradecer a quienes hicieron posible esto, a los que crearon el generoso y magnánimo entorno laboral donde me he desempeñado los últimos años; las instituciones y sus hombres que crearon el ambiente que me permitió, me estimuló, he hizo posible este mi libro, Mi Pequeño Tesoro, y cristalizar en él los prácticos y valiosos consejos de una pléyade de sicólogos que han sido fuente de inspiración en mis incursiones y estudios en este campo del saber humano.

Una de las instituciones es la distinguida e ilustre Universidad de Pennsylvania, y el muy celebérrimo y prestigioso Penn Club of New York, mi querido Penn, donde hace años tengo el honor de desempeñarme

Orientaciones sicológicas

como ingeniero supervisor. En ese ambiente, que es acogedor y amable, donde el respeto y la cordialidad humana se respira a cada paso, he trabajado día a día poniendo siempre lo mejor de mí y recibiendo de parte de jefes y compañeros apoyo y calidez humana.

Quiero decirles a todos ellos que aquí va un fuerte apretón de manos, un afectuoso abrazo si tanto se me permite, pues me siento altamente honrado por la deferencia con que he sido tratado en todos los niveles, por el amor al prójimo, por la camaradería laboral y el respeto al trabajo que se respira en esta notable institución.

Vayan ahora algunos de los nombres de las personas a las que tanto debo:

- General Manager, Lic. Peter Homberg
- Controller, Lic. Nabil Fahmy
- Assistant Controller, Lic. Ping Nan
- Chief Engineer, Ing. José Acosta
- Executive Chef, Florimond Smoor
- Executive Sous Chef Markus Sponring
- Dining Room Manager, Antonio Kontos
- Director of Rooms Division, Heba Elshinawy
- Banquet Maitre D', Lic. Alex Torres
- Ejecutiva Barbara Nevels

La lista de compañeros con los cuales me honré en trabajar es larga, vaya, de entre ellos, un gran saludo a Rafael Portes. Que todos los otros, amigos entrañables del cotidiano quehacer, sepan que están en mi memoria y en mis gratos recuerdos de tantas horas juntos, siempre.

Elelis Peña Ph.D.

Debo ahora rendir homenaje y sentido agradecimiento a otras maravillosas instituciones que de igual modo han ganado mi profundo cariño, mi respeto y admiración; en ellas se me ha prodigado generosamente apoyo y afecto.

Vaya, pues, mi saludo al Harvard Club of New York, y en especial a los sobresalientes ingenieros Adam Peraza, Héctor Rodríguez y al inspirado pintor Emil Malich. De la Universidad de Nueva York a las preclaras figuras del Ing. Ruben Fernández y Shant Havannesian.

Al New York Yacht Club vaya también mi reconocimiento y gratitud en las personalidades del Chief Engineer, Mr. William Bremenour. y su maravillosa secretaria, Helen Bobadilla Cueto, el Ing. Sanath Gunaratne y Danny Tolentino.

Del Touro College al brillante catedrático Dr. Hernando Merchand.

Del Education Link -donde ejerzo un profesorado- a mis maravillosas y pacientes supervisoras, Ayasiris Henriquez y Alba Delgado.

Sé que en este agradecido recordatorio hay nombres que no están, que por una causa u otra mi flaca memoria me ha escamoteado al dictarme este tan merecido recuerdo. A vosotros os pido disculpas, sé que quizás mañana, cuando lo advierta, quedaré sorprendido y muy dolido por tan flagrante omisión, espero que algún día me lo perdonaré como sé que ustedes lo harán ahora conmigo.

Orientaciones sicológicas

A todos, a todos ustedes, simplemente: gracias, muchas gracias, que Dios Todopoderoso ponga en vuestro camino gente tan admirable como la que yo me he encontrado en el mío, con vosotros. Un gran e interminable y afectuoso abrazo. Os llevo conmigo, a toda hora, soys mis cálidos recuerdos de mis más memorables años laborales.

Del mismo modo y con una fina y delicada mención al Park Central Hotel, donde trabajo también como ingeniero supervisor por más de 15 años, me es de tanto orgullo mencionar algunos de mis compañeros de trabajo que me prodigan, solidaridad, compañerismo, respeto y un amor muy especial.

Son ellos mi jefe inmediato, Héctor Santiago, su asistente Oscaly Batista, la excelente secretaria Cynthia Laporte, el Contralor Wei Huang, la Manager Susan Kim, la ejecutiva Nuntawan Vatcharasoontorn, en Recursos Humanos la dinámica Ruth Vertiz, los ingenieros, Htay Than, William Martin, Carlos Franco, Miguel Mercado, con mención especial al Sr. Rafael Gómez y demás compañeros de trabajo.

Por favor, pido mis más sinceras disculpas a los demás compañeros de trabajo por la no mención porque en verdad son muchos los que me prodigan tanto cariño, respeto y amor, por lo que Park Central Hotel representa para mí muchos agradecimientos y estímulo de amor.

Les dejo por aquí, queridos lectores. Ya tendremos oportunidad que nos reencontremos con el siguiente libro.

A TODOS USTEDES:
¡SALUD HASTA SIEMPRE!

Mi Rey, cuán agradecido estoy de ti

Mi querido Señor, hoy es un día tan agradable para mí, porque me permitiste ver la luz del día.

Es tan maravilloso y, a la vez, un honor el haber conocido y sentido que verdaderamente hay un Rey como tú.

Cuánto te agradezco por permitirme la dicha de ser una servidora, o servidor tuyo, porque solamente invocar tu nombre me da la paz, serenidad, tranquilidad y me hace sentir la calma en el seno de mi hogar.

Mi Maestro, no sé qué sería de mi vida si no hubiese recibido un toque de amor de tu ángel guardián.

Solamente poner fe en ti, mi amado creador, es comprendido cuánto se debe amar uno mismo, para de igual forma amar a los demás.

Gracias una vez más, mi Príncipe, por ser tan especial conmigo, al escuchar mis ruegos y soportar día tras día mis quejas, y hacerme entender que tú, solamente tú, brindas la paz y tranquilidad espiritual.

Mi Señor, me he convertido en tu admirador y admiradora perpetua de tu nombre. Ya sé que andar en el camino divino que tú ofreces es ganar el premio y la medalla de la salvación.

El amigo que siempre te ama, tu Dios. (C.S.)

Con esto doy por terminado mis orientaciones sicológicas que con amor siempre escribo para ti. Recuerda que, no hay nadie en el mundo más sicólogo que el Rey de Israel, "Jehová de los Ejércitos". Tu amigo que siempre estará a tu mejor disposición.

Volveré más adelante a estar con ustedes:

Elelis F. Peña PHD

Printed in the United States
By Bookmasters